Grands Événements | numéro 19

LES RÉVOLUTIONS INDUSTRIELLES
OU LA NAISSANCE DU MONDE MODERNE

— La métamorphose par le progrès

par Jérémy Rocteur

50MINUTES

Avec la collaboration de Thomas Jacquemin

DEVENEZ INCOLLABLE
EN HISTOIRE !

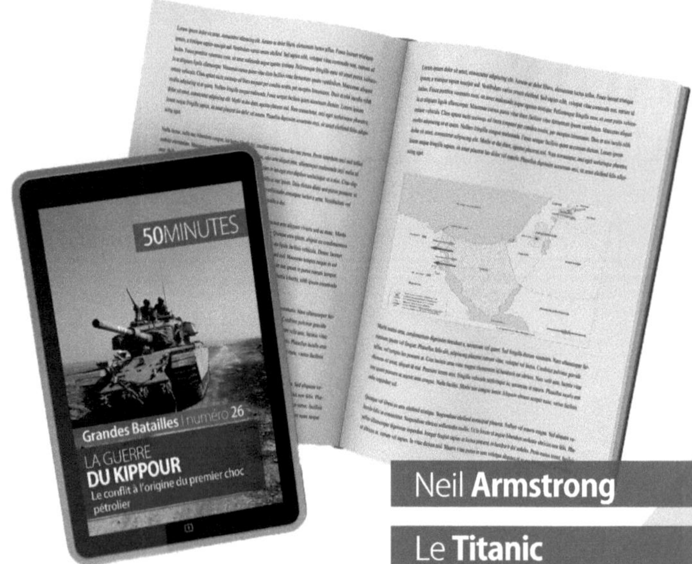

LES RÉVOLUTIONS INDUSTRIELLES

- **Quand ?**
  - La première révolution industrielle débute vers 1750 et s'achève en 1850.
  - La seconde débute vers 1870 et se termine en 1914.
- **Où ?** En Europe et aux États-Unis.
- **Contexte ?** L'augmentation de la population et de la demande nécessite un rythme de production plus soutenu. Pour y parvenir, des améliorations doivent être réalisées dans plusieurs secteurs qui se verront peu à peu mécanisés.
- **Protagonistes principaux ?**
  - John Kay, inventeur britannique (1704-vers 1780).
  - James Watt, ingénieur et mécanicien écossais (1736-1819).
  - Carl Benz, ingénieur allemand (1844-1929).
  - Thomas Edison, inventeur américain (1847-1931).
- **Répercussions ?**
  - Un bouleversement économique sans précédent.
  - L'accélération de la croissance démographique.
  - L'apparition de nouvelles classes sociales.
  - La troisième révolution industrielle.

Depuis la fin du xve siècle, l'Europe connaît une croissance économique lente ponctuée de crises qui ne cessent de se répéter. En Angleterre, cependant, celle-ci s'accélère dès la seconde moitié du xviiie siècle grâce à une explosion démographique qui nécessitera la mise en place d'un rythme de production plus soutenu. C'est le secteur du textile qui, le premier, est touché par la mécanisation, viennent ensuite les secteurs métallurgique et minier. Les changements qui s'y produisent sont si importants qu'on parle de « révolution industrielle ».

Pourtant, les événements qui ont lieu à cette époque jusqu'au XXIe siècle ne constituent pas une véritable rupture par rapport à un ordre ancien. Il serait plus correct de parler d'un phénomène d'industrialisation dont l'impact sur l'histoire humaine est, il est vrai, indéniable. Pour la première fois, les moyens de production des biens matériels se développent dans tous les secteurs, bouleversant profondément le quotidien des individus.

D'une société occidentale essentiellement agraire définie par une faible croissance, on passe à une société industrielle et commerciale caractérisée par la recherche constante d'une amélioration visant à augmenter les capacités productives. Ces changements ont, bien évidemment, entraîné des conséquences économiques, sociales, environnementales et politiques. Toutefois, loin d'être un processus unique et répétitif, l'histoire des révolutions industrielles s'échelonne sur plusieurs siècles et s'écrit encore aujourd'hui.

L'ANGLETERRE AUX SOURCES DE L'ÈRE INDUSTRIELLE

Depuis la fin du XVIIᵉ siècle, la population britannique croît de manière spectaculaire. Contrairement aux siècles précédents où les pics de natalité étaient contenus par une forte mortalité, cette dernière diminue peu à peu. De six millions d'habitants en 1760, on passe à douze millions en 1820. Si cette croissance apporte à l'agriculture une main-d'œuvre considérable, le nombre de bouches à nourrir augmente également, et ce beaucoup plus rapidement.

Consciente de cela et bénéficiant d'un contexte favorable, la Grande-Bretagne est le premier pays européen à entrer dans l'ère de l'industrialisation. Cette avance prise sur le reste du continent s'explique par des facteurs économiques, politiques, mais également sociétaux.

Un marché prospère

Ses marchés, tant intérieurs qu'extérieurs, sont considérables et florissants. En effet, contrairement à la plupart des pays européens, l'Angleterre ne dispose plus de douanes depuis le début du XVIIIᵉ siècle. Le prix des produits à l'importation n'est donc pas majoré. Il s'agit là d'un élément non négligeable pour un pays qui dispose de très nombreuses colonies dans lesquelles il peut puiser les ressources nécessaires à la production de ses produits. De plus, l'Angleterre possède un sous-sol riche en matières premières facilement exploitables. On y trouve entre autres du charbon et du fer qui sont indispensables au bon fonctionnement industriel. Leur acheminement est facilité par un réseau de communication très développé pour l'époque ainsi que par les nombreux cours d'eau présents sur le territoire. D'une importance capitale, ces derniers permettent non seulement de faire circuler les matières premières et les produits, mais également d'actionner plus aisément les machines.

L'économie du pays est tout aussi forte. Leur monnaie (la livre sterling) est présente sur tous les continents et deviendra d'ailleurs la devise des échanges internationaux au XIXe siècle. Enfin, les réseaux financiers et bancaires sont concentrés dans le quartier central de Londres, la *City*, renforçant plus encore son économie.

Une politique favorable au développement industriel

L'État jouera également un rôle important dans la révolution à venir. Le gouvernement anglais est à l'origine d'une série de lois favorables à l'enseignement scientifique et à l'industrie. De plus, il laisse aux décideurs locaux, plus conscients des réalités et des besoins économiques de leur région, une certaine autonomie, ce qui leur permet de prendre un certain nombre de décisions en vue de faciliter leur industrie.

Toutefois, pour l'historien français François Cochet (né en 1954), le facteur essentiel de la précocité britannique dans la révolution industrielle tient plus de la maturité politique et de l'ouverture sociale du pays, conséquences des révolutions du XVIIe siècle. En effet, la monarchie y est moins absolue que sur le reste du continent européen et n'impose donc pas sa propre vision du mercantilisme.

La structure sociale particulièrement souple permet à la noblesse d'investir dans l'industrie et les nouvelles technologies. On voit alors se développer un esprit d'entreprise plus important que sur le reste du continent. La demande de la classe moyenne anglaise, qui s'accroît à mesure que s'intensifie le développement du secteur tertiaire (le commerce, les banques et les professions libérales), participe également à la croissance globale. De plus, l'augmentation rapide de la population met à disposition des entreprises de nombreux travailleurs.

Enfin, le libéralisme économique qui prévaut à l'époque pousse les individus à chercher à s'enrichir. La législation sur les brevets en est l'un des symboles. Celle-ci garantit en effet aux inventeurs un droit sur les profits issus de l'application de leurs inventions. Les mentalités sont donc complètement différentes des deux côtés de la

Manche : là où en France le bourgeois souhaite avant tout accéder à la noblesse, en Angleterre il tend à saisir les opportunités économiques qui se présentent à lui, qui sont certes moins valorisantes socialement mais plus rentables.

Des innovations pour améliorer la production

Si l'Europe connaît des progrès techniques importants depuis le xvie siècle, leur multiplication est spectaculaire dans les îles britanniques dans le courant du xviiie siècle. Cela peut notamment s'expliquer par l'avantage qu'offre aux inventeurs la législation sur les brevets, mais également par le fait que la machine paraît plus efficace que la main-d'œuvre humaine bien souvent non disciplinée, tout en permettant de produire mieux et de façon plus régulière.

La recherche encourage également le développement des techniques par la méthode critique qu'elle préconise. Contrairement à l'apprentissage traditionnel d'antan où l'on acceptait les enseignements issus de la religion, les scientifiques basent désormais leurs conclusions sur une observation méthodique de la nature et de ses phénomènes. Des chercheurs non érudits et des artisans se lancent ainsi dans de nombreuses expérimentations, et, ce faisant, poussent plus loin leurs expérimentations afin d'obtenir un résultat susceptible de trouver une application dans une invention, sans pour autant chercher à l'expliquer scientifiquement. Souhaitant résoudre des problèmes spécifiques qui ralentissent la production, ceux-ci mettent au point de nouvelles techniques à la base de la révolution industrielle qui engendrent elles-mêmes de nouvelles innovations.

ACTEURS PRINCIPAUX

JOHN KAY ET LA NAVETTE VOLANTE

Né en 1704 à Walmersley dans le Lancashire (Angleterre), John Kay est issu d'une riche famille de fermiers. Après la mort de son père, il quitte l'école à 14 ans pour devenir apprenti chez un fabricant de métiers à tisser. Il quitte toutefois sa place après seulement un mois de formation, affirmant avoir tout appris de la profession. Malgré cet excès de confiance qui le caractérise déjà, il s'avère être un mécanicien talentueux. Ses inventions permettent notamment d'améliorer considérablement le tissage, et ses premiers brevets sont déposés dès les années 1730.

En 1733, il enregistre un brevet pour une nouvelle machine à navette (une machine à tisser). Plus légère que les modèles précédents, celle-ci peut servir aussi bien pour le tissage de la laine que pour celui du lin, et permet un travail beaucoup plus rapide, et ce en mobilisant moins de travailleurs. Baptisée en premier lieu navette à roues – soulignant ainsi sa mobilité –, puis navette sauteuse, la machine est finalement nommée navette volante. Si l'invention lui vaut sa notoriété, celle-ci était pourtant imparfaite à l'origine, et plusieurs années ont été nécessaires pour l'améliorer. En outre, souhaitant s'enrichir rapidement, les rentes annuelles qu'il exige pour l'usage de sa machine sont si élevées que de nombreux tisserands refusent de les payer. Il intente alors plusieurs procès qu'il perd et qui le mènent au bord de la ruine.

Malgré ce côté rageur, nombreux sont ceux qui, bien des années plus tard, ont vu dans cette invention le génie de celui qui a longtemps été considéré comme le fondateur de l'industrie textile britannique.

Certes, John Kay était un grand inventeur et son invention a permis d'augmenter considérablement la quantité tissée qui a elle-même exigé une amélioration de la filature – puisque sans fil, le tissage ne se fait pas –, ce qui a finalement enclenché la dynamique de la première révolution industrielle. Néanmoins, il faudra attendre près de 60 ans pour que sa machine volante s'impose dans tout le pays.

En 1747, sous le poids de ses dettes, il est contraint d'émigrer en France, où il obtient le privilège d'être le seul fabricant et vendeur de ses machines. Il meurt durant l'hiver 1780-1781 dans le Sud de la France.

JAMES WATT ET LA MACHINE À VAPEUR

Né en 1736 à Greenock (Écosse), James Watt, autodidacte féru de mécanique, s'initie très tôt aux travaux manuels grâce au magasin de vente et de réparation d'instruments nautiques que tenait son père. En 1755, il se rend à Londres pour y apprendre la fabrication d'instruments scientifiques, et revient ensuite dans son pays natal où il est engagé par l'université de Glasgow en 1757. Dans le cadre de ses fonctions, il est chargé de réparer la machine à vapeur de Thomas Newcomen (mécanicien anglais, 1663-1729). Il y apporte de nombreuses améliorations, financées par l'industriel John Roebuck (1718-1794) et le chimiste Joseph Black (1728-1799), dont notamment celle qui vise à limiter le gaspillage de vapeur produite par le moteur. Watt améliore considérablement l'efficacité du moteur en utilisant une chambre de condensation séparée, ce qui élimine ainsi la nécessité de refroidir régulièrement le moteur. Avec son premier moteur, James Watt obtient un brevet en 1769, et, à partir des années 1770, il dédie tout son temps à la fabrication de celui-ci, dont il développe même les premiers exemplaires en 1776.

Les entrepreneurs britanniques reprennent ensuite l'invention de Watt et la perfectionnent afin qu'elle puisse s'adapter à d'autres engins industriels. Mais le moteur qu'il a conçu s'avère trop volumineux et ne permet pas une pression suffisante pour faire fonctionner de nombreuses machines. Il est donc rapidement dépassé par la concurrence de l'énergie hydraulique. Il faut attendre les améliorations apportées par Richard Trevithick (ingénieur britannique, 1771-1833) pour que le moteur devienne suffisamment puissant pour équiper les bateaux à vapeur et les locomotives sur rails.

James Watt décède en 1819 à Heathfield à l'âge de 83 ans.

CARL BENZ ET LE MOTEUR À EXPLOSION

Né en 1844 à Karlsruhe, dans l'État allemand du Bade-Wurtemberg, Karl Benz est encore un enfant lorsque son père décède. Très jeune, il commence à travailler pour aider sa mère à subvenir à leurs besoins : c'est ainsi qu'il devient réparateur de montres et d'horloges.

Ses prédispositions pour les matières techniques lui permettent de suivre une formation d'ingénieur à l'institut polytechnique de Karlsruhe. Il s'y spécialise dans la conception de moteurs, son rêve étant de développer une voiture qui pourrait se déplacer sans être tirée par des chevaux ou actionnée par la vapeur. S'estimant suffisamment formé, il ouvre sa propre enseigne de moteurs à Mannheim et parvient à attirer de nombreux investisseurs. Avec leur soutien financier, il fonde une nouvelle compagnie qui, il l'espère, lui permettra de réaliser son moteur tant rêvé. Cependant, malgré la rentabilité de la société, les actionnaires ne sont pas prêts à le suivre sur cette voie qu'ils jugent trop hasardeuse. Il décide alors de quitter la fabrique.

En 1883, avec l'aide de nouveaux investisseurs, il fonde sa troisième entreprise à laquelle il donne son nom, Benz & Cie. Les nouveaux actionnaires le soutiennent désormais dans son projet de création de voitures. Deux ans plus tard, son rêve devient enfin réalité, lorsqu'il met au point un tricycle à moteur, la première voiture sans chevaux actionnée par un moteur à combustion interne. Il s'agit là d'une véritable révolution, car depuis le début du siècle et jusqu'à ce jour, l'on n'avait vu que des véhicules autopropulsés grâce à des moteurs à vapeur. Le modèle de Benz s'avère bien plus compact et surtout beaucoup plus efficace. L'invention est très bien accueillie et semble promise à un bel avenir. Et c'est à juste titre : beaucoup considèrent en effet le tricycle motorisé de Benz comme étant la première automobile de l'histoire.

Mais un autre inventeur allemand, Gottlieb Daimler (1834-1900), a fait breveter quelques mois auparavant un moteur à combustion interne. C'est donc lui qui est l'inventeur originel du premier motocycle et qui devient de ce fait le principal concurrent de Benz. S'engage alors entre eux une véritable lutte sur les marchés allemand et français. Par souci de marketing, Daimler baptise sa voiture *Mercedes*, nom à consonance française plus apte à toucher un public plus vaste.

Après la Première Guerre mondiale (1914-1918), une dépression économique s'abat sur l'Allemagne. Pour y faire face, les deux entreprises concurrentes décident de s'associer sous le nom de Mercedes-Benz en 1926. À la suite de cette fusion, Karl Benz, alors âgé, quitte la tête de son usine mais reste membre du comité de direction jusqu'à sa mort.

THOMAS EDISON ET L'AMPOULE À INCANDESCENCE

Thomas Edison est né à Milan en 1847 dans l'État de l'Ohio. N'ayant passé que trois mois à l'école, c'est sa mère qui prend en charge toute son éducation. Dès l'âge de 12 ans, il commence une série de petits boulots tels que vendeur de fruits, de journaux ou encore opérateur de télégraphe.

En fin observateur, son expérience de télégraphiste lui permet d'apporter des améliorations à son outil de travail. Après avoir fait breveter ses premières inventions et touché une coquette somme, il s'entoure d'une équipe de chimistes, de physiciens et de mathéma-ticiens en vue de collaborer à la recherche de nouvelles inventions. Au début des années 1870, son activité devient très rentable. Il per-fectionne notamment le télégraphe, la machine à écrire ou encore le téléphone, avant de vendre ses inventions à de grandes compagnies. Cherchant à s'entourer des meilleurs scientifiques, son entreprise grandit et, en quelques années à peine, ce sont plus de 300 brevets qui sont déposés.

L'une des inventions les plus rentables et les plus originales qu'il ait réalisées est sans conteste le phonographe dont le brevet a été enregistré en 1877. L'appareil de base permettait l'impression sur une feuille de métal de sons qui pouvaient ensuite être joués. En quelques années, il parvient à améliorer considérablement la machine et ses rouages et dépose pas moins de 80 brevets pour ce travail.

Mais l'invention que l'on associe le plus souvent à son nom n'est autre que l'ampoule à incandescence. Après avoir testé des milliers de fibres métalliques et organiques afin de trouver le meilleur filament possible, Edison arrête son choix sur le bambou japonais. Aussitôt, de nombreuses ampoules à bas prix sont produites, et, grâce à elles, Edison participe à la mise en place des premières centrales électriques. Cette invention, d'une importance capitale, va éclairer le monde et apporter gloire et fortune à son inventeur. D'autres inventions viendront encore bouleverser le monde, telles que notamment le kinétographe, la première caméra de l'histoire, ou encore la chaise électrique. Il s'éteint à l'âge de 84 ans, laissant derrière lui plus d'un millier de brevets.

LES RÉVOLUTIONS INDUSTRIELLES

LA PREMIÈRE RÉVOLUTION INDUSTRIELLE (1750-1850)

Le terme de révolution n'est pas à comprendre dans son acception première. Il n'y a en effet pas eu un état initial de stagnation économique suivi soudainement d'une période riche en inventions qui auraient entraîné les bouleversements industriels que l'on connaît. Les pays occidentaux ont en effet connu une croissance lente ponctuée par des crises, et ce depuis la fin du Moyen Âge. Cette croissance s'accélère tout de même à la fin du XVIIIe siècle, alors qu'apparaissent de nouveaux procédés qui sont peu à peu adoptés.

L'Angleterre en avance

C'est sur le territoire anglais, qui présente un contexte des plus favorable, que se développe la première révolution industrielle. Depuis la fin du XVIIe siècle, la population croissant de manière spectaculaire, il devient nécessaire de produire plus pour subvenir à ses besoins. On assiste donc dès le XVIIIe siècle à l'apparition de nombreuses inventions principalement dans les secteurs du textile et de la métallurgie, où il a fallu résoudre des problèmes spécifiques qui ralentissaient la production. Ensuite, une chose en entraînant une autre, les activités complémentaires se sont développées et leurs mécanismes ont été améliorés, empruntant à leur tour la voie de l'industrialisation.

La filature du coton a été l'un des premiers secteurs à se mécaniser, et nombreux sont ceux qui le considèrent comme étant le moteur de toute l'industrialisation britannique. Sa mécanisation débute au milieu du XVIIIe siècle avec des machines comme la navette volante de John Kay, qui permet de tisser plus rapidement. Par conséquent, la demande en coton filé devient plus importante, et il a donc également fallu améliorer le filage afin de résoudre les problèmes de goulot d'étranglement dans la production. De même, les autres activités de la chaîne de production, telles que le blanchiment, doivent à leur tour se perfectionner en vue de faire face à la demande et ainsi de suite. Apparaissent ensuite des innovations qui touchent cette fois la métallurgie. Celles-ci font appel à de nouvelles sources d'énergie telles que la vapeur alimentée grâce à un nouveau combustible qui deviendra le symbole de la première révolution industrielle, le charbon.

Cette augmentation de la production s'accompagne d'une modernisation des transports. Dans un premier temps ce sera le fait d'investissements de l'État qui y voit là l'occasion rêvée de développer les échanges et d'ainsi améliorer le commerce. Des compagnies privées prennent ensuite le relai. La première révolution industrielle concerne surtout la modernisation des anciennes voies de communication, les canaux, les ports et les routes. Un nouveau moyen de transport fait toutefois son apparition : le chemin de fer. Dès 1800, des transports sur rails de personnes voient le jour en Angleterre, mais le véhicule est encore tracté par des animaux. Avec la mise au point du rail en T et des premières locomotives à vapeur, une première ligne est ouverte au public entre Manchester et Liverpool en 1830. Si à l'origine la vitesse moyenne n'est que de 24 km/h, celle-ci évoluera très rapidement, de même que la capacité de transport.

Alors que de nombreuses nouveautés apparaissent dans les domaines de la production et des transports, celles-ci ne remplacent pas totalement les moyens traditionnels. Ainsi, au milieu du XIXe siècle, le moteur le plus souvent utilisé en Europe et aux États-Unis reste toujours le moulin à eau. On assiste donc à un maintien des forces anciennes (humaine, animale et hydraulique), tout en voyant se développer de nouvelles techniques et sources d'énergie. Cette complémentarité est également visible dans les formes d'organisation du travail qui ont cours à cette époque. Alors que sur le continent européen on trouve une forme de résistance de la proto-industrie, ce système s'est rapidement déstructuré en Grande-Bretagne. Le milieu agricole s'est ainsi développé en grandes et moyennes exploitations ainsi qu'en fermages, où la mécanisation permet de remplacer la main-d'œuvre, plus coûteuse. Or dans le reste de l'Europe, les entrepreneurs sont très attachés à l'artisanat, car les artisans n'ont pas d'exigences sociales contrairement aux ouvriers d'usine. Les entrepreneurs jouent alors sur la complémentarité entre ces deux systèmes et sur les avantages qu'ils ont à offrir au niveau de l'organisation du travail : la mécanique est utilisée pour la production en masse, tandis que l'artisanat reste utile pour les commandes plus individualisées.

Les changements qui s'opèrent dans les processus de production sont si importants qu'on en parle comme d'une révolution. Il est vrai que la société est en pleine mutation : un siècle après le début de la révolution industrielle, près de 50 % de la population britannique travaille dans l'industrie et vit désormais dans des zones urbaines. Ensemble, les travailleurs fournissent 20 % des biens industriels mondiaux, dont notamment la moitié du fer, des vêtements en coton et les deux tiers du charbon utilisés dans le monde.

Une partie de l'Europe en retard

La situation s'avère plus complexe dans le reste de l'Europe où la révolution tarde à s'implanter. Le pouvoir y est en effet plus centralisé et le rôle joué par l'État souvent plus important que chez leurs voisins d'outre-Manche. L'initiative privée y est également plus faible et les politiques industrialistes menées par le pouvoir central ont souvent du mal à s'accorder avec les réalités du terrain. De plus, certains entrepreneurs cherchent à mécaniser en priorité l'industrie lourde, comme la métallurgie, là où l'Angleterre s'était d'abord attaquée à l'industrie textile. L'absence d'une classe moyenne suffisamment importante est également l'une des principales causes de ce retard. La France en est le meilleur exemple : les paysans, qui représentent la classe la plus nombreuse de la société française, ne sont pas suffisamment riches pour s'offrir les nouveaux produits manufacturés.

Chaque pays connaît donc un processus différent. Dans certaines régions, et contrairement à la Grande-Bretagne, il n'y a pas de secteur leader capable d'entraîner le reste de l'industrialisation, comme c'était le cas du textile outre-Manche. Certains tentent alors de développer simultanément le machinisme dans tous les secteurs, ce qui ne répond pas nécessairement aux réalités et aux besoins économiques. D'autres, comme la Belgique, cherchent à imiter et à adapter les techniques britanniques, mais les difficultés sont nombreuses. En effet, cela requière un savoir-faire que seuls les ouvriers britanniques possèdent. En outre, les transferts technologiques sont limités, car l'Angleterre interdit l'émigration d'ouvriers qualifiés et l'exportation des machines jusqu'au milieu du XIXe siècle. Cela n'empêche toutefois pas de nombreux techniciens et ouvriers de s'installer sur le Vieux Continent pour fonder leurs propres entreprises. En attendant qu'elles soient suffisamment développées pour être compétitives, de nombreux États choisissent de protéger leurs industries modernes naissantes en imposant aux produits britanniques des barrières douanières élevées.

La France, l'Allemagne et la Belgique se sont industrialisées dès le début du XIXe siècle et atteignent, dès 1840, le même niveau technique que la Grande-Bretagne. La France encourage même l'émulation scientifique et développe son système éducatif par l'enseignement de la mécanique. L'Allemagne, renforcée depuis son unification (1871), fait de même et voit son industrie croître rapidement. La Belgique, quant à elle, se lance dès 1830 dans la révolution industrielle et rejoint rapidement, grâce à la sidérurgie, à ses industries minières et textiles ainsi que par ses importants investissements dans les réseaux de chemins de fer, le rang des grandes nations industrielles.

A contrario, d'autres parties de l'Europe ne connaissent pas de véritable essor industriel. C'est le cas de la Russie – malgré quelques poches d'industrialisation à la veille de la Première Guerre mondiale – et des pays du pourtour de la Méditerranée. En effet, à l'exception de l'Italie qui connaît une industrialisation considérable à la fin du XIXe siècle, le Portugal et l'Espagne n'ont pas bénéficié d'une modernisation de l'agriculture au préalable. Par ailleurs, aucun changement social fondamental, source d'une certaine maturité politique nécessaire à l'industrialisation, n'a pu être observé ; ces pays se trouvent dans une dépendance financière vis-à-vis de l'Angleterre qui les maintient dans un état de pays fournisseurs de produits de base, comme le vin.

Le reste du monde

L'Europe occidentale et les États-Unis semblent être les seules parties du monde à avoir connu une véritable révolution industrielle à cette époque. Des embryons d'industries modernes se sont pourtant développés dans d'autres régions du globe comme en Amérique du Sud ou dans l'Empire ottoman, mais sans jamais atteindre les proportions telles que celles observées dans le monde occidental. Malgré la volonté de rattraper l'Occident par des politiques d'industrialisation étatiques, les obstacles sont nombreux, surtout au niveau social. En effet, la population de ces États vit pour la plupart dans la misère. L'élite, peu nombreuse, est en outre réticente au changement qui pourrait remettre en question sa prédominance sociale. Les marchands, les financiers et les artisans restent donc soumis à l'empereur, au calife, ou à tout autre détenteur de l'autorité centrale. Et s'ils parviennent à créer des produits manufacturés, ils se trouvent dans une situation de dépendance vis-à-vis des marchés étrangers dont ils ont besoin pour écouler leur production, car leur marché intérieur, trop faible, ne peut l'absorber. Les Occidentaux, en position de force, contraignent dès lors ces pays à adopter une politique commerciale libérale qui annule tous leurs efforts pour obtenir leur autonomie.

LE CAS UNIQUE DU JAPON

Le Japon a longtemps été l'un des pays les plus fermés au monde. Au XIXe siècle, les Européens forcent toutefois son ouverture et le soumettent à de nombreux traités inégaux. Pour lutter, l'empereur Mutsuhito (1852-1912), dit Meiji tenno, décide de battre les Occidentaux sur leur propre terrain, celui de l'industrialisation, en utilisant la sidérurgie grâce aux mines de fer et aux hauts-fourneaux qui voient le jour avant le milieu du XIXe siècle. S'ensuit une modernisation forcée du pays qui connaît de nombreuses réformes sociales concernant principalement les anciennes élites féodales. Rapidement les rentes foncières des seigneurs territoriaux passent à l'État qui se développe économiquement en augmentant la production alimentaire, et qui lance une industrie textile efficace. En parallèle, le Japon tente d'attirer des techniciens occidentaux grâce à une rémunération alléchante, tout en envoyant de nombreux étudiants japonais s'instruire dans les meilleures universités d'Europe. Ne pouvant appliquer des tarifs protectionnistes aux pays étrangers suite aux traités qui favorisent les Occidentaux, l'industrie japonaise en tire profit en étant en constante recherche d'innovations.

LA DEUXIÈME RÉVOLUTION INDUSTRIELLE (1870-1914)

Durant la seconde moitié du XIXe siècle, la situation évolue. Une nouvelle génération d'inventeurs voit le jour et initie la deuxième révolution industrielle. Désormais, le scientifique chevronné remplace la figure de l'artisan bricoleur, et applique les résultats de ses recherches aux besoins des universités, des États et de l'industrie.

En outre, la production baisse à partir de 1870, notamment suite aux différentes crises qui ont lieu à l'époque mais également parce que l'offre est devenue trop importante par rapport à la demande. Deux jeunes nations, l'Allemagne et les États-Unis, gagnent alors en importance et commencent à produire en plus grandes quantités que la Grande-Bretagne. Les trois dernières décennies du xixe siècle verront leur taux de croissance doubler par rapport à celui de la Grande-Bretagne.

De nouvelles inventions voient le jour et un nouveau matériau plus résistant et malléable que le fer, fait son apparition : l'acier. Si sa méthode de fabrication est connue depuis des siècles, elle n'était pourtant pas envisagée jusqu'à ce jour, car elle s'avérait particulièrement onéreuse. À la fin du xixe siècle toutefois, des techniques permettant d'obtenir de grandes quantités d'acier au même prix que celui du fer sont mises au point. L'acier devient alors la base de toutes nouvelles machines et technologies. Au rang des grands fabricants, l'Allemagne produit à la veille de la Première Guerre mondiale quasiment autant d'acier que la France, l'Angleterre, l'Italie et la Russie réunies.

La fin du siècle est également marquée par l'apparition de nouvelles formes d'énergie. Et pour cause ! Les possibilités de la machine à vapeur semblent avoir atteint leurs limites. À la fois très polluante et encombrante, cette machine est progressivement remplacée par des moteurs à explosion qui exigent moins de ressources humaines, qui peuvent fonctionner à des rythmes et à des vitesses différents et être démarrés ou arrêtés plus facilement. La principale utilisation de cette nouvelle invention sera faite dans le domaine de l'automobile. En outre, de plus en plus de villes s'illuminent le soir grâce au développement et à la propagation de l'électricité.

Les principaux bénéficiaires de cette deuxième révolution industrielle sont les États-Unis. À l'aube du xxe siècle, ils produisent plus d'automobiles que les autres États réunis et sont les premiers producteurs

dans pratiquement tous les secteurs (métallurgie, chimie, etc.) grâce
à une nouvelle approche de la production industrielle qui se base sur
une organisation scientifique du travail où l'individu se voit chargé
d'une étape bien définie du processus, permettant une production
de masse plus importante que dans le passé.

EXISTE-T-IL VRAIMENT UNE DEUXIÈME RÉVOLUTION INDUSTRIELLE ?

La question fait toujours débat parmi les historiens. On constate effectivement
qu'une nouvelle génération de scientifiques chevronnés, basant leurs inventions
sur la connaissance appliquée, apparaît à partir des années 1870. De nouvelles
inventions voient également le jour, mais leurs véritables applications mettent
parfois plusieurs décennies à se concrétiser. Ainsi, Zénobe Gramme (électricien
et inventeur belge, 1826-1901) dépose en 1869 un brevet pour une génératrice à
courant continu, alors que l'électricité ne devient réellement utilisable qu'avec
l'ampoule à incandescence de Thomas Edison développée dix ans plus tard.
Pour certains historiens, cette deuxième révolution ne fait donc que prolonger
la première. Il n'y a en effet pas de révolution énergétique comparable à celle
qui a amené le charbon au pouvoir grâce à la machine à vapeur. Seule l'automobile participe réellement à la dynamique de l'industrialisation grâce au moteur
à explosion qui remplace la machine à vapeur comme outil. Le charbon, quant à
lui, restera la principale source d'énergie jusque dans les années vingt.

RÉPERCUSSIONS

QUAND L'ÉCONOMIE DEVIENT MONDIALE

Les nombreux changements dans les transports et le développement du réseau maritime (creusement du canal de Suez en 1863 et de Panama en 1914) permettent de transporter d'énormes quantités de biens sur de plus longues distances. Le commerce s'intensifie et l'économie devient de plus en plus globalisée.

Ces changements engendrent une nouvelle conception des affaires : les sociétés anonymes (S.A.), qui permettent de limiter la responsabilité de ses membres à leurs seuls investissements, se multiplient ; les entreprises se regroupent entre elles formant des consortiums, cartels, trusts et autres holdings. Les banques d'affaires se multiplient également et l'on voit apparaître dans les grandes villes des bourses de commerce (négociations de marchandises produites, en production ou à produire) et de valeurs (négociations de titres d'action ou d'obligation).

À noter également que, contrairement à l'image couramment véhiculée, les grandes usines restent rares au XIXe siècle. En effet, dans la seconde moitié du siècle, la taille moyenne des entreprises tourne autour de dix ouvriers. La concentration de la main-d'œuvre ne progresse que très lentement. Enfin, les révolutions industrielles ont changé la physionomie des crises économiques. Autrefois caractérisées par la sous-production, elles prennent désormais la forme de crises de surproduction.

DES ÉVOLUTIONS MISES À PROFIT
DANS L'ARMEMENT

En 1914, à la veille de la Première Guerre mondiale, les puissances industrielles occidentales dominent plus de 80 % des territoires dans le monde. Leur technologie issue de l'industrie civile a trouvé de nombreuses applications dans l'armement. La précision comme la vitesse de recharge des fusils ou la puissance des explosifs sont en constante amélioration. Après la puissance de la vapeur et de l'électricité vient la puissance de tuer. La Première Guerre mondiale démontre de manière sanglante les développements accomplis en matière d'armement en un siècle.

LES BOULEVERSEMENTS DÉMOGRAPHIQUES

La croissance démographique s'accélère au XIXe siècle dans les pays industrialisés, suite à l'augmentation de l'espérance de vie pour les classes supérieures de la société grâce à la médecine qui connaît elle aussi de nombreux progrès. La révolution industrielle a ainsi entraîné une croissance inédite de la population, une urbanisation et une pollution sans précédent dans l'histoire de l'humanité.

Mais, dans les premières années, celle-ci a tout d'abord entraîné une baisse considérable de l'espérance de vie, particulièrement au sein des classes laborieuses. Il a fallu longtemps aux scientifiques pour comprendre que les conditions d'hygiène et de santé de l'homme étaient liées à ce phénomène. C'est notamment grâce à l'amélioration des techniques de recherche que l'on pourra identifier les causes de nombreuses maladies. En effet, la deuxième révolution industrielle voit se développer la chimie de synthèse. Au début du XIXe siècle, les premiers médicaments voient le jour, de nouveaux engrais permettent d'obtenir de meilleurs rendements agricoles, etc.

À l'exception de la Grande-Bretagne, toutes les sociétés sont à prédominance rurale jusqu'au milieu du XIXᵉ siècle. Le secteur agricole tend cependant à s'affaiblir, en raison de la ponction opérée par l'industrialisation et l'urbanisation sur les masses campagnardes. D'abord progressifs et souvent temporaires, les départs vers la ville s'accélèrent et s'amplifient avec l'industrialisation, ce qui ruine l'artisanat rural, à commencer par le textile. La ville attire et fixe les ouvriers dans les usines. De 1851 à 1910-1914, la part des citadins dans la population totale passe en Grande-Bretagne de 48 à 73 %, en France de 25,5 à 44,2 %, en Russie de 7,8 à 19,6 %, et aux États-Unis d'environ 11 à 45,7 %.

En outre, l'industrialisation et la révolution des transports provoquent l'essor fulgurant des localités et surtout la formation de grandes métropoles qui dépassent le million d'habitants. La ville déborde de ses enceintes – quand elle ne les détruit pas –, s'étend vers la périphérie le long des axes de communication et se développe en hauteur dans le centre. Elle opère en son sein une ségrégation sociale, réservant aux riches les beaux quartiers et confinant les plus pauvres dans des zones déshéritées et les communes industrielles de la périphérie.

L'EXPLOSION DE L'ÉMIGRATION AU XIXᵉ SIÈCLE

Au XIXᵉ siècle, on assiste également à l'explosion de l'émigration. Les grands flux migratoires sont intercontinentaux et concernent surtout les Européens, dont une quarantaine de millions s'expatrient en Amérique. La cause principale de départ est la misère engendrée par les mutations structurelles et les crises périodiques qui affectent la vie économique des pays dont ils sont originaires. À celle-ci s'ajoute l'attraction exercée par les pays d'accueil (États-Unis, Canada, Brésil, l'Argentine et Australie), qui promettent notamment aventure et fortune. Les principaux pays d'accueil sont les.

LA RÉORGANISATION DE L'ORDRE SOCIAL

La classe ouvrière

Les conditions matérielles de la classe ouvrière sont difficiles à décrire. Les rémunérations varient d'une région ou d'une fabrique à l'autre. Dans certains cas, les patrons se chargent eux-mêmes d'entretenir leurs travailleurs. Ils lancent de véritables politiques patronales de gestion de la main-d'œuvre pour fixer les ouvriers qualifiés dans leur usine grâce à une série d'avantages. Ils offrent ainsi des logements, des écoles, et prennent en charge les retraites. Ils s'attachent également à surveiller et à moraliser les travailleurs dont la vie est presque entièrement réglée par leur patron.

Toutefois, avec l'abondance de la main-d'œuvre quittant les campagnes, les conditions de travail se dégradent rapidement : les durées de travail excèdent souvent les 12 heures par jour, le travail des enfants devient plus fréquent (d'ailleurs aucune législation ne l'encadrera avant 1850), alors que les patrons cherchent sans cesse à augmenter la production. Ils seront aidés dans cette démarche par l'apparition de l'électricité qui va permettre la banalisation du travail de nuit.

À ces conditions de travail pénibles viennent s'ajouter des conditions de vie souvent misérables. L'exode rural massif a rendu les villes surpeuplées. L'urbanisation sauvage des zones industrielles diminue considérablement la qualité de la vie : il n'y a pas de plan d'ensemble prévu pour accueillir la population laborieuse, on y manque d'espace et l'air est pollué par la fumée de charbon. En conséquence, on assiste à une régression de la santé publique et à l'augmentation de la mortalité parmi les travailleurs d'autant plus que les épidémies font des ravages. À tous ces maux vient s'en ajouter un autre, véritable fléau social de l'époque moderne, l'alcoolisme.

La grande bourgeoisie d'affaires et la noblesse

La grande bourgeoisie d'affaires fait son apparition avec la révolution industrielle. Son audace, sa réussite et sa puissance financière acquise grâce à l'émergence de l'industrialisation lui permettent de participer davantage aux décisions politiques. Cependant, elle entre de plus en plus en conflit avec la classe ouvrière et ces tensions s'accentuent à la fin du XIXe siècle. Les industriels se servent en effet de la mécanisation pour maintenir les salaires bas, mesure qui est à la source de conséquences désastreuses pour les ouvriers. La demande en travailleurs diminue et leur misère ne fait que s'accroître. Ne parvenant pas à trouver du travail, beaucoup voient dans l'émigration une chance de s'en sortir.

Quant à la noblesse, elle conserve son prestige social grâce à ses propriétés terriennes. Son pouvoir politique en sort néanmoins affaibli. Les nobles du XVIIIe siècle accordaient en effet plus de confiance aux investissements traditionnels qu'aux activités nouvelles à haut risque comme l'industrie moderne.

LA TROISIÈME RÉVOLUTION INDUSTRIELLE

Pour distinguer chaque révolution industrielle, les historiens ont souvent supposé une cohérence entre les formes d'énergie, les matériaux, les techniques de transport et celle des secteurs de consommation. La première a ainsi été incarnée par la machine à vapeur, la houille, le chemin de fer et les industries textiles. La deuxième est le résultat de l'interconnexion entre l'acier, l'électricité, la chimie de synthèse, l'automobile et les énergies fossiles.

Si pour certains, la deuxième révolution industrielle n'est toujours pas terminée, elle ne le sera sans doute pas tant que l'humanité n'aura pas tourné la page des énergies fossiles (c'est-à-dire non renouvelables). Une fois celle-ci terminée, la troisième révolution industrielle, vraisemblablement marquée par l'énergie verte, pourrait alors commencer. Pour d'autres, cette nouvelle révolution sera marquée par les nanotechnologies, les biotechnologies, les technologies de l'information et les sciences cognitives (NBIC), ouvrant des perspectives quasi illimitées à l'humanité. D'autres encore estiment que la troisième révolution a déjà eu lieu et concerne le développement de l'informatique initié dans les années quatre-vingt. Les derniers la feraient débuter aujourd'hui avec la démocratisation des imprimantes 3D et des logiciels *open source*, rendant les outils de production accessibles à tous.

Ce qui est toutefois certain c'est que les révolutions industrielles entamées dès la fin du XVIIIᵉ siècle ont instauré une société basée sur un besoin constant de croissance et de progrès, loin d'être finie.

EN RÉSUMÉ

1733	John Kay enregistre un brevet pour sa navette volante
1750	Début de la première révolution industrielle
1769	James Watt dépose un brevet pour les améliorations réalisées sur la machine à vapeur de Thomas Newcomen
1800	Apparition des premiers transports de personnes sur rails
1850	Fin de la première révolution industrielle
1870	Début de la deuxième révolution industrielle
1877	Thomas Edison brevette son phonographe
1879	Thomas Edison brevette l'ampoule à incandescence
1885	Benz met au point un tricycle à moteur
1914	Fin de la deuxième révolution industrielle

- L'Angleterre est le premier pays européen à s'industrialiser à la fin du XVIIIe siècle grâce à sa croissance plus marquée. Les facteurs sont multiples : l'augmentation spectaculaire de la population et de la demande de consommation, la disposition d'un savoir technique et des capitaux nécessaires à son développement.

- Le rôle des inventeurs y est important. Au début, il ne s'agit que de bricoleurs qui tentent d'améliorer les outils qu'ils ont à leur disposition par l'observation et l'expérimentation. La deuxième révolution industrielle voit, quant à elle, l'avènement de scientifiques chevronnés qui basent leurs inventions sur la connaissance appliquée.

- Au cours du XIXᵉ siècle, l'industrialisation se répand en Europe occidentale et gagne les États-Unis qui deviennent la première puissance industrielle au début du siècle suivant.

- Les conséquences de ces révolutions industrielles sont multiples et touchent tous les pans de la société.

- Deux nouvelles classes sociales apparaissent à l'aube de la Première Guerre mondiale : la classe ouvrière qui vit dans une grande précarité et la grande bourgeoisie d'affaires qui participe de plus en plus aux décisions politiques. Les écarts entre les couches inférieures (les ouvriers) et supérieures (la bourgeoisie) de la société se creusent alors que les tensions sociales sont de plus en plus virulentes.

- Avec les progrès accomplis dans tous les domaines, les transports, l'agriculture et la médecine, la population des pays industrialisés augmente de manière spectaculaire.

- Si certains considèrent que la deuxième révolution ne s'achèvera que lorsque l'on abandonnera les énergies fossiles, d'autres considèrent que la troisième révolution a déjà débuté et concerne cette fois le développement de l'informatique. Quoi qu'il en soit, la société instaurée par la première révolution caractérisée par la recherche constante de progrès est loin d'être terminée.

POUR ALLER PLUS LOIN

SOURCES BIBLIOGRAPHIQUES

- BARNETT (David), *London, Hub of the Industrial Revolution. A Revisionary History: 1775-1825*, Londres, Tauris Academic Studies, 1998.
- BEAUCHAMP (Chantal), *Révolution industrielle et croissance économique au XIXᵉ siècle*, Paris, Ellipses, 1997.
- COCHET (François) et HENRY (Gérard), *Les révolutions industrielles. Processus historiques. Développements économiques*, Paris, Armand Colin, 1995.
- FARR (James R.), *Industrial Revolution in Europe. 1750-1914*, New York, Thomson/Gale, 2003.
- HORN (Jeff), *The Industrial Revolution*, Londres, Greenwood Press, 2007.
- MEIGNEN (Louis), *Histoire de la révolution industrielle et du développement. 1776-1914*, Paris, Presses universitaires de France, 1996.
- MERRIMAN (John) et WINTER (Jay), *Europe from 1789 to 1914: Encyclopedia of the Age of Industry and Empire*, Detroit, Charles Scribner's sons, 2006.
- MORRIS (Charles R.), *The Dawn of Innovation. The First American Industrial Revolution*, Philadelphia, Public Affairs, 2012.
- RIOUX (Jean-Pierre), *La révolution industrielle. 1780-1880*, Paris, Seuil, 1971.
- STEARNS (Peter N.), *The Industrial Revolution in World History*, Boulder, Westview Press, 2013.
- VERLEY (Patrick), *La première révolution industrielle*, Paris, Armand Colin, 2006.

SOURCES COMPLÉMENTAIRES

- ANDERSON (Chris), *Makers. La nouvelle révolution industrielle*, Paris, Pearson, 2012.
- RIFKIN (Jeremy), *La troisième révolution industrielle. Comment le pouvoir latéral va transformer l'énergie, l'économie et le monde ?*, Paris, Les liens qui libèrent, 2012.

DOCUMENTAIRES

- *La Vapeur qui révolutionna le monde*, documentaire d'Achim Scheunert et d'Axel Engstfeld, Allemagne, 2008.
- *La Révolution industrielle*, documentaire de Jeremy Cross, de Chris Lethbridge et de Jeremy Llewellyn-Jones, Grande-Bretagne, 2010.
- *Capitalisme*, série de six documentaires d'Ilan Ziv, France, 2014.

www.50minutes.com

Éditeur responsable : Lemaitre Publishing
Rue Lemaitre 6 | BE-5000 Namur
info@lemaitre-editions.com

ISBN ebook : 978-2-8062-5962-2
ISBN papier : 978-2-8062-5963-9
Dépôt légal : D/2015/12603/148
Photo de couverture : réputée libre de droits.

Conception numérique : Primento,
le partenaire numérique des éditeurs